Todos pagamos impuestos

Antonio Sacre, M.A.

Asesoras de contenido

Cheryl Norman Lane, M.A.Ed.
Maestra
Distrito Escolar Unificado del Valle de Chino

Jennifer M. Lopez, M.S.Ed., NBCT
Coordinadora superior, Historia/Estudios sociales
Escuelas Públicas de Norfolk

Asesoras de iCivics

Emma Humphries, Ph.D.
Directora general de educación

Taylor Davis, M.T.
Directora de currículo y contenido

Natacha Scott, MAT
Directora de relaciones con los educadores

Créditos de publicación

Rachelle Cracchiolo, M.S.Ed., *Editora*
Emily R. Smith, M.A.Ed., *Vicepresidenta de desarrollo de contenido*
Véronique Bos, *Directora creativa*
Dona Herweck Rice, *Gerenta general de contenido*
Caroline Gasca, M.S.Ed., *Gerenta general de contenido*
Fabiola Sepulveda, *Diseñadora gráfica de la serie*

Créditos de imágenes: págs.6–9 Fabiola Sepulveda; pág.21 Bastiaan Slabbers/
iStock; págs.22–23 Library of Congress [LC-DIG-pga-08593]; pág.27 Everett
Historical/ Shutterstock; págs.28–29 Dragos Asaftei/Shutterstock; todas las demás
imágenes cortesía de iStock y/o Shutterstock.

Library of Congress Cataloging-in-Publication Data

Names: Sacre, Antonio, 1968- author. | iCivics (Organization), issuing body.
Title: Todos pagamos impuestos / Antonio Sacre, M.A.
Other titles: Everyone pays taxes. Spanish
Description: Huntington Beach, CA : Teacher Created Materials, [2022] |
 "iCivics"--Cover. | Audience: Grades 2-3 | Summary: "Taxes are the money
 government collects from people to pay for things everybody uses. Taxes
 pay for roads, hospitals, schools, and libraries. Who pays taxes?
 Everyone pays taxes!"-- Provided by publisher.
Identifiers: LCCN 2021039694 (print) | LCCN 2021039695 (ebook) | ISBN
 9781087622811 (paperback) | ISBN 9781087624136 (epub)
Subjects: LCSH: Taxation--United States--Juvenile literature. | Finance,
 Public--United States--Juvenile literature.
Classification: LCC HJ2381 .S2618 2022 (print) | LCC HJ2381 (ebook) | DDC
 336.200973--dc23

5482 Argosy Avenue
Huntington Beach, CA 92649-1039
www.tcmpub.com
ISBN 978-1-0876-2281-1

Contenido

¿Quiénes pagan?

Una estudiante se despierta, enciende la luz y desayuna. Se cepilla los dientes. Toma el autobús para ir a la escuela y luego para volver a casa. Después de la escuela, juega al fútbol en un parque de su vecindario. Más tarde, disfruta una deliciosa comida con su familia.

¿Quién paga la electricidad y el agua que se usa en la casa? ¿Quién paga el autobús y la escuela? ¿Quién paga la cancha donde la estudiante juega al fútbol? ¿Quién le garantiza una comida segura y saludable?

Quizá respondas que sus padres pagan la comida, la electricidad y el agua. La ciudad paga el autobús. El distrito escolar paga la escuela. El condado paga la cancha de fútbol.

Esas cosas suelen costar más de lo que pagan los grupos o las personas de manera individual. Muchas de esas cosas se pagan a través de **impuestos**. Pero ¿qué son los impuestos exactamente?

Salta a la ficción

El espléndido libro de la baba pegajosa

Apenas suena el timbre del recreo, Paula sale de su salón de clases a toda velocidad, pasa por delante del comedor y se dirige a la biblioteca.

—¡No corras! —le grita la maestra Flowers.

—¡No estoy corriendo!

—¡Sí estás corriendo!

Paula baja la velocidad y dice:

—¡Tengo que ir a la feria del libro! Acaba de salir *El espléndido libro de la baba pegajosa*. Tiene cien recetas para hacer babas pegajosas, ¡y hasta tiene una para hacer babas magnéticas!

—Si llego a ver una baba magnética en mi salón de clases, ¡no tendrán recreo en todo el año!

—¡Usted siempre dice 'no tendrán recreo' para todo, maestra Flowers! —dice Paula, sonriendo.

—¡Esta vez lo digo en serio! —agrega la maestra Flowers con una sonrisa.

—De acuerdo. ¿Puedo caminar plácidamente hasta la feria del libro? —pregunta Paula.

—Veo que estás usando el vocabulario nuevo. ¡Muy bien! Sí, puedes caminar plácidamente —dice la maestra Flowers, riéndose.

Paula entra a la biblioteca. Ve libros apilados en los estantes. Varios niños dan vueltas por el lugar, entusiasmados.

Paula encuentra el sector de manualidades. Esquiva a los niños pequeños que están sacando libros del estante de abajo. Paula toma un libro enorme con portada brillosa. Mira el precio de la contraportada: $19.99. Saca un billete del bolsillo y lo desenrolla. "¡Perfecto! ¡Y me sobra un centavo!", piensa.

Paula se acerca al cajero y le da el libro.

—Son $21.49, por favor —dice el cajero.

Paula lo mira confundida.

—En la parte de atrás dice $19.99 —explica la niña.

—Pero con el impuesto a las ventas, el libro cuesta más —responde el cajero.

—¡Pero soy solo una niña! —le ruega ella.

—Lo siento, niña. Todos tienen que pagar impuestos.

Feria del libro escolar

El espléndido libro de la baba pegajosa	$19.99
Impuesto a las ventas	$1.50
TOTAL	**$21.49**

Vuelve al texto de no ficción

¿Qué son los impuestos?

Cuando alguien presiona el interruptor de la luz en su casa, hay un **sistema** detrás que permite que se encienda la luz. Las empresas generan la electricidad. Los cables la llevan a las casas. Los trabajadores controlan los cables y los reparan cuando están dañados.

Cuando alguien abre el grifo, se pone en funcionamiento otro sistema. El agua entra a una **planta de tratamiento**. Allí la limpian y la envían nuevamente a las tuberías. Las tuberías la transportan hasta las casas. Así es como, cuando abres el grifo, sale agua.

Para construir esos sistemas, se necesitan millones de dólares. Una sola persona no podría pagar tanto dinero. La gente depende del gobierno para que muchas cosas como esas sean posibles. El gobierno se ocupa de construir y mantener esos sistemas.

Millas y millas de cables

La electricidad se genera en muchos lugares. Se envía a los hogares y las empresas. Ese sistema se conoce como red eléctrica. A la red eléctrica de Estados Unidos se le llama "la máquina más grande del mundo". Una de las razones de ese apodo es que la red tiene varios millones de millas de cables.

Estos cables son parte de la red eléctrica de Estados Unidos.

Tipos de impuestos

El gobierno de Estados Unidos le brinda muchos **bienes** y **servicios** a la población. Les paga a los carteros para que repartan el correo. Les paga a los soldados para que defiendan el país. Crea leyes para protegernos. Ayuda a los granjeros a cultivar alimentos. El gobierno garantiza que los productos que consumimos sean seguros. Destina dinero para construir hospitales y cuidar la salud de las personas.

¿Cómo hace el gobierno para pagar todo eso? Lo hace con el dinero de los impuestos. Los impuestos son el dinero que la gente le paga al gobierno. Las personas pagan impuestos de diferentes maneras. Dos de los impuestos principales son el impuesto a las ganancias y el impuesto a las ventas.

Veamos un ejemplo: Si una conductora de autobús gana $800 a la semana, ¿cuánto dinero se lleva a su casa en una semana? Quizá creas que se queda con los $800. Pero el gobierno le quita una parte primero. Eso se llama impuesto a las ganancias.

El gasto militar

El dinero de los impuestos se usa para proteger a las personas. En 2018, el gobierno gastó $54,000 millones en las fuerzas armadas. Es decir, $165 por cada habitante del país.

El impuesto a las ganancias se toma del dinero que gana la gente, que son los *ingresos*. La conductora del autobús gana $800 a la semana. Pero su **salario neto** es menor. Probablemente, cada semana paga unos $80 de impuesto a las ganancias.

Imagina que la conductora le da $20 a su hijo para que se compre un juguete. Si el juguete cuesta $19.99, ¿cuánto dinero necesitará su hijo para comprarlo? Tendrá que pagar el precio del juguete más el impuesto a las ventas. Probablemente tenga que pagar casi $22 en total.

En el caso de esta familia, el gobierno recaudó $80 de impuesto a las ganancias y casi $2 de impuesto a las ventas. Quizá no parezca suficiente dinero para pagar todos los servicios que brinda el gobierno. Pero muchísimas personas pagan impuestos por las cosas que compran. Esas cantidades se suman. El gobierno de Estados Unidos recauda billones de dólares al año en impuestos. Casi todos los años gasta cada centavo de lo que recauda.

Compensación

Hay cinco estados que no cobran impuesto a las ventas. Esos estados son Alaska, Oregón, Montana, Delaware y Nuevo Hampshire. Sin embargo, eso se compensa. Esos estados tienden a recaudar más en otros tipos de impuestos, por ejemplo, el impuesto a las ganancias.

La juguetería de Dave

Recibo #0512
8 de marzo de 2021
500 Eastern Drive
San Diego, CA 92101

****

Carro a control remoto $19.99

Impuesto a las ventas $1.59

****

TOTAL $21.58

Hay muchos tipos de impuestos. La mayoría entra en alguna de estas tres categorías: ganancias, bienes y servicios, y **propiedad**. Muchas personas pagan impuestos de los tres grupos, pero algunas no. Por ejemplo, algunas personas no tienen ingresos. Quizá porque son demasiado jóvenes para trabajar. O tal vez porque se dedican a cuidar a otros. No tienen que pagar impuesto a las ganancias porque no ganan dinero. Pero esas mismas personas probablemente paguen el impuesto a las ventas por los bienes y servicios que consumen. O quizá sean dueños de su casa y, entonces, pagan el impuesto a la propiedad.

Los propietarios pagan el impuesto a la propiedad.

La mayoría de las empresas también pagan impuestos. Las empresas que venden alimentos, carros y otros bienes y servicios pagan impuestos por el dinero que ganan. Algunas empresas no pagan impuestos. Son **organizaciones sin fines de lucro**. Ayudan a las personas y a las comunidades. El gobierno no les cobra impuestos a esas organizaciones.

¡Tú puedes ayudar!

Hay más de un millón de organizaciones sin fines de lucro en Estados Unidos. Esos grupos ayudan a las personas a conseguir comida, vivienda y ropa, entre otras cosas. Mucha gente ofrece dinero y a veces también su tiempo para ayudar a quienes lo necesitan.

Impuestos en acción

Con el dinero de los impuestos, el gobierno paga todas las cosas que vemos a nuestro alrededor. El dinero de los impuestos se usa para pagarles a los oficiales de policía y a los bomberos. Se usa para construir caminos y también para pagarles a los maestros de las escuelas públicas. Con el dinero de los impuestos se pagan los parques públicos. Algunos inventos que usamos todos los días pudieron realizarse gracias a los impuestos. Quizás no existirían ni internet ni muchos medicamentos que salvan vidas si no fuera por los impuestos.

Con los impuestos también se pagan cosas que no se ven. Los impuestos nos permiten tener agua limpia. Permiten que tengamos energía **confiable** y comida segura. Con los impuestos, podemos ayudar a quienes son muy mayores para trabajar. También a los que están enfermos o heridos. El dinero de los impuestos se usa para las elecciones. Nos permite pagarles a nuestros líderes para que creen leyes y las hagan cumplir. ¡El dinero de los impuestos incluso puede usarse para que la gente pague sus impuestos!

¿Cuánto cuesta?

En Estados Unidos las comunidades gastan unos $113,000 millones al año en agua. Serían unos $345 por persona. Ese dinero nos permite tener agua corriente y tratar las aguas negras.

¿No te gusta ese impuesto?

Estados Unidos tiene un sistema de gobierno **democrático**. Eso quiere decir que todos pueden opinar sobre cómo se gobierna. Las personas dicen lo que piensan de distintas maneras. Votan. Llaman a sus líderes o les mandan mensajes de correo electrónico. Envían cartas a los periódicos y hacen publicaciones en línea. Hablan con sus vecinos. Integran **consejos**. La mayoría de las escuelas tiene un consejo. Y muchos vecindarios también. Muchas veces, en las reuniones de los consejos, los vecinos hablan sobre lo que les preocupa.

reunión de consejo de un vecindario

Piensa y habla

¿De qué manera la foto apoya la idea principal del párrafo?

Es posible que a algunas personas no les guste la manera en que se gasta el dinero de los impuestos. O quizá piensen que los impuestos son muy altos. Tienen la posibilidad de opinar sobre eso. Si no están de acuerdo con lo que hace el gobierno, pueden votar a otros líderes. Si la gente cree que se necesitan nuevos impuestos para resolver un problema, también hay maneras de expresar esas ideas.

Estos estudiantes quieren que el dinero de los impuestos se use para mejorar las escuelas.

Estados Unidos se formó porque la gente quería tener voz en el gobierno. Para ser exactos, ¡estaban enojados por los impuestos! El rey de Inglaterra les cobraba impuestos a quienes vivían en las **colonias**. Tenían que pagar, pero no tenían participación en el gobierno. No podían elegir cómo iba a usarse el dinero. Las personas se enojaron y pelearon por sus derechos. Les llevó años de lucha, pero ganaron.

"No hay impuestos sin representación"

En 1773, los colonos, disfrazados de indígenas, arrojaron té en el puerto de Boston. Estaban enojados con el rey Jorge III. El rey había creado un nuevo impuesto al té. Los colonos estaban cansados de pagar impuestos y no tener voz en el gobierno.

Al principio, en Estados Unidos no se recaudaba ningún impuesto. Luego se empezaron a cobrar algunos impuestos especiales. Por ejemplo, el gobierno cobraba impuestos para ayudar a pagar los gastos de las guerras. Cuando terminaban las guerras, también terminaban los impuestos.

El país creció y pronto necesitó más dinero. Había que construir ferrocarriles y escuelas. Se necesitaban hospitales y fuerzas armadas. Las personas sabían que eran cosas necesarias para la nación. Estuvieron de acuerdo en que todos debían ayudar a pagar todo eso.

Cómo se recaudan los impuestos

A medida que el país crecía, aumentaban sus necesidades. El gobierno encontró distintas maneras de cobrar impuestos. Hoy en día, cuando alguien compra gasolina, paga un impuesto. Cuando alguien recibe mucho dinero, se le cobra un impuesto. También los trabajadores pagan un impuesto por lo que ganan. La empresa que los contrata también paga impuestos por lo que gana. Cuando alguien gana la lotería, ¡una buena parte de ese dinero es para pagar impuestos!

Es difícil decidir qué es justo cuando hablamos de impuestos. Por eso, las leyes sobre impuestos cambian casi todos los años.

IMPUESTO

Los estadounidenses pagan un promedio de 50 ¢ en impuestos por cada galón de gasolina.

IMPUESTO

Las empresas pagan en impuestos alrededor de una décima parte del salario de los empleados.

IMPUESTO

Los ganadores de la lotería pagan al menos un cuarto de lo que ganaron.

Tarifas cambiantes

A veces el gobierno recauda demasiado dinero en impuestos y lo devuelve. Eso se llama *devolución de impuestos*. Otras veces el gobierno gasta demasiado. Al año siguiente tendrá que aumentar los impuestos.

La parte del gobierno que se encarga de recaudar impuestos se llama Servicio de Impuestos Internos o IRS, por sus siglas en inglés. Las personas y las empresas le pagan impuestos al IRS durante todo el año. Todos los años, a principios de abril, la gente tiene que averiguar si le debe más dinero al IRS. Tienen que resolver un gran problema matemático. Algunas personas calculan sus impuestos por su cuenta. Otras le pagan a alguien para que las ayude a calcular cuánto deben.

Algunos tendrán que pagarle más dinero al IRS. Otros quizá no deban nada y a otros tal vez hasta les devuelvan dinero. Eso sucede cuando pagaron demasiado durante el año. El gobierno trata de buscar un equilibrio. No quiere recaudar demasiado. Pero necesita pagar los bienes y los servicios que brinda.

El IRS

El presidente Abraham Lincoln (centro) creó el IRS. Uno de los motivos por los que se formó ese organismo fue para pagar los costos de la guerra de Secesión. Hoy en día, unas 80,000 personas trabajan para el IRS.

Todos pagamos

Imaginemos que alguien trabaja mucho. Tal vez no parezca justo que se le quite parte del dinero que gana para pagar impuestos. Luego, alguien compra algo con los dólares que gana. Tal vez no parezca justo que tenga que pagar impuestos por lo que compra. Pero el dinero de los impuestos ayuda a todos.

El dinero de los impuestos se usa para cosas que todos necesitamos. ¡A veces hasta se usa para inventar cosas que ni siquiera sabíamos que necesitábamos! Las personas están contentas cuando el dinero de los impuestos se usa bien. Otras veces creen que ese dinero se desperdicia en cosas que no necesitamos. Todos pueden hacer oír su voz acerca de la forma en que quieren que se gaste el dinero de los impuestos.

Piensa y habla

¿En qué se parece esta biblioteca a la biblioteca de tu vecindario o de tu escuela? ¿En qué se diferencia?

El dinero de los impuestos se usa para que esta biblioteca funcione.

Glosario

bienes: cosas que se producen y se pueden vender

colonias: territorios lejanos que están bajo el control de otras naciones

confiable: fiable, en la que se puede confiar

consejos: grupos que se encargan de gestionar cosas

democrático: relacionado con una forma de gobierno en la que las personas votan a sus líderes

impuestos: el dinero que pagan las personas y las empresas para sostener al gobierno

organizaciones sin fines de lucro: grupos cuyo propósito no es ganar dinero

planta de tratamiento: un lugar donde se limpian los desechos para que no dañen el medio ambiente

propiedad: algo de lo que se es dueño, por ejemplo, la tierra

salario neto: el sueldo que se le entrega a un trabajador después de haber restado los impuestos y otras tarifas

servicios: trabajos realizados por grupos que no producen bienes; organizaciones que realizan ese tipo de trabajos

sistema: un plan bien organizado para llevar a cabo una función

Índice

Civismo en acción

Todos pagan impuestos, ¡incluso los niños! Algunas personas no tienen problema en pagar impuestos. Saben que están ayudando a la nación. Otros sienten que pagan demasiado. Preferirían quedarse con ese dinero. ¿Qué piensan sobre los impuestos los adultos que conoces? Realiza una entrevista para averiguarlo.

1. Escoge a alguien de tu casa para entrevistar.

2. Escribe su nombre y explica qué relación tiene contigo.

3. Pregúntale qué le parece bien acerca de los impuestos.

4. Pregúntale qué le parece mal acerca de los impuestos.

5. Anota sus respuestas y compáralas con las de otro compañero.